Je comprends tout

CW01654912

CE2
Dictées

Direction de collection
Isabelle Petit-Jean
Professeur des écoles

Auteur
Stéphanie Grison
Professeur des écoles

Illustrations
Loïc Méhée

Nathan

Mode d'emploi

Ce cahier de dictées va permettre à votre enfant de se perfectionner en orthographe, en grammaire et en conjugaison tout au long de l'année.

Ce que propose le cahier

- **Ce cahier comprend 18 séquences de travail,** qui fonctionnent en doubles pages.

Chaque double page propose :

→ **un rappel des règles à retenir** sur deux points d'orthographe, de grammaire ou de conjugaison issus des programmes officiels,

→ **une série d'exercices préparatoires** à la dictée et **une série d'exercices plus ludiques**, pour motiver votre enfant,

→ **la dictée à réaliser en 2 temps** : un exercice de recopiage de la première phrase (compétence demandée dans les programmes officiels), puis la dictée elle-même, avec un conseil prodigué par la mascotte,

→ **une dictée** bonus pour prolonger le travail.

- **Dans un livret détachable** se trouvent les corrigés des exercices et toutes les dictées.

Le site **www.jecomprendstout.com** propose les dictées en audio.

Conseils pour réaliser les dictées

- Lire la dictée une première fois en entier.
- Puis la lire lentement, phrase par phrase, en indiquant la ponctuation.
- Relire une dernière fois la dictée en entier.
- La faire relire par l'enfant avant la correction.
- À tout moment, vous pouvez interrompre la dictée pour lire la bulle conseil ou interroger votre enfant sur ses choix (« Pourquoi as-tu mis un *s* ici ? »).

Vous pouvez également faire écouter les dictées sur le site **www.jecomprendstout.com**.
Pour chaque dictée sont proposés deux rythmes de lecture différents : un rapide, un lent.

Comment noter les dictées

- **Les 10 mots en vert permettent de gagner 2 points chacun :**
ces mots sont directement liés à la notion.
- **Les 10 mots soulignés font perdre 1 point :**
ceux-ci sont des mots du lexique ou des accords courants que votre enfant doit connaître.
- **Si votre enfant obtient :**

→ **Entre 14 et 20 points :** il a bien compris les notions. Vous pouvez lui proposer la dictée bonus.

→ **Entre 7 et 13 points :** vérifiez et corrigez avec lui les mots sur lesquels ont porté ses erreurs. Demandez-lui de recopier les mots. Vous pouvez ensuite relire ensemble la règle, puis proposer la dictée bonus.

→ **Moins de 7 points :** faites recopier le texte de la dictée tout en lui indiquant les difficultés qu'il a rencontrées. Plus tard, reproposez-lui la dictée, puis la dictée bonus.

 ISBN : 978-209-189309-9

Sommaire

Au centre dans un **livret détachable**
les corrigés des exercices et le texte des dictées
et des dictées *bonus* pages ❶ à ❽

Dictée 1

• La ponctuation et les coupes de mots
• est / et, son / sont

Règles

• La ponctuation et les coupes de mots

– Il faut respecter la ponctuation : une majuscule en début de phrase et un point à la fin (**.**, **!**, **?**).

– Si on doit couper un mot en fin de ligne, on le coupe toujours entre deux syllabes :
fe/nêtre, im/meuble.

• est / et, son / sont

Pour ne pas les confondre, il faut les remplacer par un autre mot :

– ***est*** (verbe *être* au présent à la 3e personne du singulier) par ***était*** : Il **est** gentil. → Il **était** gentil.

– ***et*** (mot invariable) par ***et puis*** : le chat **et** le chien → le chat **et puis** le chien

– ***son*** (déterminant possessif) par ***mon*** : **son** chat → **mon** chat

– ***sont*** (verbe *être* au présent à la 3e personne du pluriel) par ***étaient*** :
Les immeubles **sont** hauts. → Les immeubles **étaient** hauts.

Exercices de préparation

→ Corrigés page 1

1 Entoure le mot juste.

a. Les flammes *sont / son* très hautes.

b. L'enfant *est / et son /sont* chien ont eu peur.

c. Elle *est / et* partie en courant.

d. C'est *son / sont* journal préféré.

e. Il joue avec *son / sont* chat.

f. Les secours *son / sont* rapides.

g. Elles *son / sont* sur la plage *est / et* attendent leur chien.

2 Recopie les mots en les coupant au bon endroit.

secours → se/cours

a. surprise → ....

b. victimes → ....

c. sortie → ....

d. opération → ....

e. dizaine → ....

3 Écris *et*, *est*, *son* ou *sont*.

a. Il prend .... journal .... met ses lunettes sur .... nez.

b. L'opération .... réussie, le médecin .... content de .... travail.

c. Les victimes .... secourues .... transportées à l'hôpital.

d. Il regarde par la fenêtre de .... appartement .... chante.

4 Réécris les phrases en rétablissant la ponctuation et les majuscules.

a. le journaliste se penche par la fenêtre → ....

b. est ce que les secours sont arrivés → ....

5 Complète les expressions avec *est, et, son, sont*.

a. Prendre ses jambes à .... cou.

b. Être pieds .... poings liés.

c. Les cordonniers .... les plus mal chaussés.

d. On n'......... pas sorti de l'auberge.

e. Avancer contre vents .... marées.

f. Ce n' .... pas la mer à boire.

6 Vrai ou faux ? Coche la bonne case.

a. On ne met pas de majuscule après un point d'interrogation. V ☐ F ☐

b. Si on doit couper un mot pour aller à la ligne, on le fait entre deux syllabes. V ☐ F ☐

c. On n'est pas toujours obligé de mettre un point en fin de phrase. V ☐ F ☐

d. Après un point, on met une majuscule. V ☐ F ☐

Dictée n° 1

→ Texte de la dictée page ①

→ Recopie le début de la dictée.

Le journaliste apprend avec surprise que l'immeuble de son journal est en feu,

→ Écris le texte de la dictée.

Note ..../20

Dictée bonus n° 19

→ Texte de la dictée page ⑦

Dictée 2

• Le présent des verbes du 1er groupe
• s / ss

Règles

• Le présent des verbes du 1er groupe

– Ils ont toujours la même terminaison : ***-e***, ***-es***, ***-e***, ***-ons***, ***ez***, ***-ent***.

je parl**e**, tu mang**es**, elle trembl**e**, nous march**ons**, vous écout**ez**, ils port**ent**

– Attention aux verbes : – en ***-ger*** : nous na**ge**ons
– en ***-cer*** : nous dépla**ç**ons
– en ***-yer*** : je netto**i**e, nous netto**y**ons
– comme ***jouer*** et ***crier*** : je jou**e**, il cri**e**

• s / ss

– La lettre ***s*** produit le son (s) au début d'un mot, entre deux consonnes, entre une voyelle et une consonne : une **s**ouris, in**s**pecter, une ca**s**cade.

– Il faut écrire ***ss*** pour conserver le son (s) entre deux voyelles : une a**ss**iette.

– La lettre ***s*** produit le son (z) entre deux voyelles : une vali**s**e.

Exercices de préparation

→ Corrigés page ①

1 Classe les mots dans le tableau.

brosse – oiseau – sanglier – installer – pause – punaise

J'entends (s)	J'entends (z)

2 Complète les verbes au présent.

a. Il souffl.......... sur la fourrure.

b. Tu écout.......... l'animal.

c. Elles ouvr.......... le coffre.

d. Vous trembl.......... sur vos chaises.

e. Nous rang.......... notre chambre.

3 Complète avec *s* ou *ss*.

a. le vi..... age
b. une livrai..... on
c. crou..... tillant
d. de..... us
e. in..... crire
f. in..... truire
g. la mu..... ique
h. une a..... iette
i. la bri..... e

4 Écris au présent les verbes entre parenthèses.

a. Elle (*ranger*) .... sa cabane.

b. Nous (*manger*) .... du poisson.

c. Je (*crier*) .... de peur.

d. Nous (*avancer*) .... vers le feu.

e. Tu (*écouter*) .... l'ours frapper à la porte.

5 **Complète les verbes des mots croisés avec la bonne terminaison au présent.**

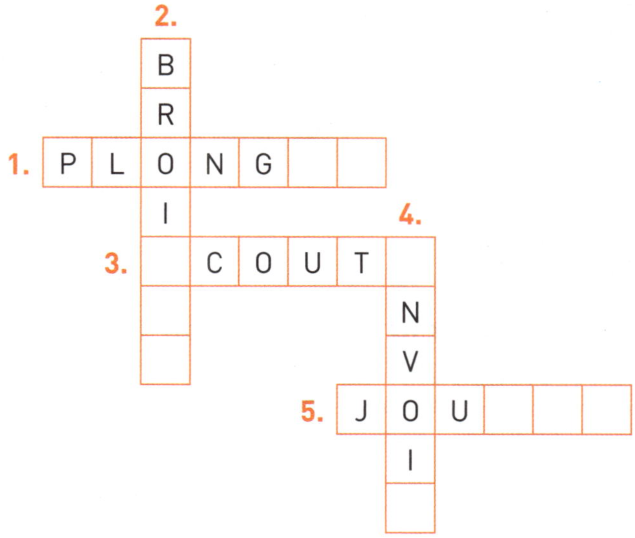

6 **Tu as une minute pour barrer l'intrus dans chaque liste.**

a. poison – saut – cousin – musée

b. noisette – chanson – coussin – disque

c. dessus – personne – caisse – vitesse

Dictée n° 2

➜ Texte de la dictée page ①

Recopie le début de la dictée.

Couchés sous une épaisse fourrure, nous écoutons le vent qui crie au dehors.

Écris le texte de la dictée.

Note ..../20

Dictée *bonus* **n° 20** ➜ Texte de la dictée page ⑦

Dictée 3

• Le présent des verbes du 2e groupe
• Le son e (e, eu , œu)

Règles

• Le présent des verbes du 2e groupe

Les verbes du 2e groupe ont tous les mêmes terminaisons :
***-is*, *-is*, *-it*, *-issons*, *-issez*, *-issent*.**

je chois**is**, tu fin**is**, il bond**it**, nous applaud**issons**,
vous obé**issez**, ils sal**issent**

• Le son e (e, eu, œu)

Il s'écrit de plusieurs manières :

e → je **eu** → feu **œu** → nœud

Exercices de préparation

→ Corrigés page ①

1 Entoure les verbes du 2e groupe. Il peut y avoir plusieurs réponses.

a. nourrir – finir – boire
b. choisir – partir – obéir
c. remplir – donner – prendre
d. vendre – punir – bondir
e. surgir – faire – préparer

2 Écris les lettres qu'il manque pour faire le son e.

a. j......di
b. des ch......v......x
c. une f......nêtre
d. des b......fs
e. le r......pas
f. r......v......nir
g. des ......fs
h. le mili......
i. un ch......min
j. la p......r

3 Remplis le tableau en conjuguant les verbes au présent.

	remplir	saisir	obéir	réfléchir
je/j'				
elle				
nous				
ils				

4 Complète les phrases avec des mots contenant le son e.

a. Je fais un n........... à mon lacet.
b. Je regarde le f........... crépiter.
c. Le p........... de la voiture a éclaté.
d. J'ai vu un c................ au galop.
e. On envoie ses v........... pour la nouvelle année.
f. Il joue à un j........... de société.
g. Son c........... bat très vite.
h. Elle met sa t........... de soirée.

5 **Entoure cinq verbes du 2e groupe à l'infinitif.**

V	A	R	R	A	O
O	G	O	R	B	B
M	I	U	R	A	E
I	R	G	E	T	I
R	F	I	N	I	R
E	P	R	O	R	G

6 **Top chrono : tu as une minute pour trouver six mots dans lesquels le son (e) s'écrit *eu*.**

a. ....

b. ....

c. ....

d. ....

e. ....

f. ....

Dictée n° 3

→ Texte de la dictée page ①

→ Recopie le début de la dictée.

Les clowns bondissent sur la piste :

→ Écris le texte de la dictée.

Note ..../20

Dictée *bonus* n° 21 → Texte de la dictée page ⑦

Dictée 4

• *Être* et *avoir* au présent
• Les noms en *-ail* / *-aille* et *-eil* / *-eille*

Règles

• *Être* et *avoir* au présent
- ***être*** → je **suis**, tu **es**, il **est**, nous **sommes**, vous **êtes**, ils **sont**
- ***avoir*** → j'**ai**, tu **as**, il **a**, nous **avons**, vous **avez**, ils **ont**

• Les noms en *-ail* / *-aille* et *-eil* / *-eille*
- Les **noms en *-ail*** s'écrivent *-ail* **au masculin** : le trav**ail** et *-aille* **au féminin** : la p**aille**
- Les **noms en *-eil*** s'écrivent *-eil* **au masculin** : le sol**eil** et *-eille* **au féminin** : une ab**eille**

Exercices de préparation

→ Corrigés page ①

1 Écris les auxiliaires conjugués dans la bonne case du tableau.

suis – avez – ai – sont – avons – es – as – êtes – est – ont – sommes – a

	ils	je/j'	elle	vous	tu	nous
être						
avoir						

2 Colorie les mots masculins en rouge, les mots féminins en bleu et entoure les lettres qui permettent de le savoir.

caille	soleil	sommeil
appareil	groseille	bouteille
paille	travail	veille

3 Complète les mots avec les sons (ail) ou (eil).

a. un dét.......... b. le rév..........
c. la corb.......... d. le gouvern..........
e. une bat.......... f. l'or..........
g. un ort.......... h. une can..........

4 Accorde les verbes entre parenthèses au présent.

a. Elles (*être*) .... dans le jardin et elles (*avoir*) .... une pelle.
b. Tu (*avoir*) .... de la chance toi ! Tu (*être*) .... en vacances.
c. Nous (*avoir*) .... des bonbons et nous (*être*) .... contents.
d. Le marin (*être*) .... sur son bateau et il (*avoir*) .... froid.
e. Vous (*avoir*) .... faim et vous (*être*) .... fatigués.
f. Je (*être*) .... au square avec mes amis et je n'(*avoir*) .... pas envie de partir.

5 **Colorie les cases dans lesquelles *être* et *avoir* sont conjugués au présent.**

avais	avions	sont	seront
aviez	avez	aurons	avais
sommes	serai	aurez	aura
était	étiez	seront	suis
seront	ai	ont	est
es	serez	étions	seras

6 **Trouve les mots en *-ail* / *-aille*, *-eil* / *-eille* qui conviennent.**

a. Je produis du miel : je suis une ....

b. On me range dans une grange : je suis de la ....

c. Je chauffe la terre : je suis le ....

d. Je suis le jour d'avant : je suis la ....

e. On m'appelle aussi doigt de pied : je suis un ....

f. Je sers à conduire un bateau : je suis le ....

Dictée n° 4

→ Texte de la dictée page ②

→ **Recopie le début de la dictée.**

Tout est calme, plus de bataille, seul le marin est debout

→ **Écris le texte de la dictée.**

Note ..../20

Dictée *bonus* **n° 22** → Texte de la dictée page ⑦

Dictée 5

• Le présent des verbes du 3e groupe

Règle

• Le présent des verbes du 3e groupe

Attention ! Il faut les connaître par cœur car ils sont irréguliers.

	aller	dire	faire	pouvoir	partir	prendre	venir	voir	vouloir
je	vais	dis	fais	peux	pars	prends	viens	vois	veux
tu	vas	dis	fais	peux	pars	prends	viens	vois	veux
il	va	dit	fait	peut	part	prend	vient	voit	veut
nous	allons	disons	faisons	pouvons	partons	prenons	venons	voyons	voulons
vous	allez	dites	faites	pouvez	partez	prenez	venez	voyez	voulez
ils	vont	disent	font	peuvent	partent	prennent	viennent	voient	veulent

Exercices de préparation

→ Corrigés page 2

1 Relie les pronoms aux verbes.

Elle •	• prenons	Vous •	• veux
Nous •	• viens	Ils •	• va
Tu •	• venez	Je •	• font
Ils •	• dit	Elle •	• disons
Vous •	• peuvent	Nous •	• allez

2 Complète par le verbe *prendre* au présent.

a. Elle .... son temps.

b. Les enfants .... un bain.

c. Vous .... votre voiture.

d. Je .... un goûter.

3 Souligne le verbe conjugué et écris son infinitif.

a. De chez nous, nous voyons l'école. → ....

b. Vous faites vos devoirs chez nous. → ....

c. À l'école, nous faisons des dictées. → ....

d. Ils viennent avec leurs parents. → ....

e. Tous les jours, vous dites bonjour à la maîtresse. → ....

4 Accorde le verbe entre parenthèses au présent.

a. Elles (*vouloir*) .... rentrer chez elle.

b. Il (*partir*) .... en vacances.

c. Tu (*aller*) .... à la piscine.

d. Je (*faire*) .... mes devoirs.

e. Nous (*voir*) .... un chat par la fenêtre.

f. Je (*vouloir*) .... prendre le train.

5 **Tu as une minute pour écrire ces verbes au présent.**

a. Tu faisais → ....

b. Nous prenions → ....

c. Je disais → ....

d. Vous pouviez → ....

e. Elle venait → ....

f. Ils voulaient → ....

6 **Complète les proverbes avec ces verbes conjugués au présent : *aller*, *venir*, *faire*, *vouloir*.**

a. L'appétit .... en mangeant.

b. Qui .... à la chasse perd sa place.

c. Le hasard .... bien les choses.

d. Qui .... voyager loin ménage sa monture.

Dictée n° 5

→ Texte de la dictée page ②

Recopie le début de la dictée.

Ma chère Lisa, je viens juste de m'installer en Bretagne pour deux mois.

Écris le texte de la dictée.

Note ..../20

Dictée bonus n° 23

→ Texte de la dictée page ⑦

Dictée 6

• L'accord dans le groupe nominal
• Les lettres muettes finales

Règles

• L'accord dans le groupe nominal

Le nom s'accorde avec le déterminant qui l'accompagne :
- **Féminin** → la machine / une machine / sa machine / cette machine…
- **Masculin** → le robot / un robot / son robot / ce robot…
- **Pluriel masculin ou féminin** → **les** robot**s** / machine**s** – **des** robot**s** / machine**s** – **ces** robot**s** / machine**s**

• Les lettres muettes finales

- Pour savoir comment écrire une lettre que l'on n'entend pas, on peut s'aider du mot féminin (blon**d** → blon**de**) ou d'un mot de la même famille (un réci**t** → réci**ter**, chan**t** → chan**teur**).
- Certains mots sont à connaître par cœur : souven**t**, bientô**t**, ver**s**, longtem**ps**, la voi**x**…

Exercices de préparation

→ Corrigés page ②

1 Écris le masculin des adjectifs et entoure la lettre muette.

Féminin	Masculin
lente	
longue	
grande	
basse	

2 Entoure tous les déterminants qui conviennent.

a. *une / le / cette / mes* mandarine
b. *des / la / ces / nos* pommes
c. *un / cette / ce / les* concombre
d. *le / les / cet / ce* pamplemousses
e. *cet / ce / l' / les* abricot
f. *la / les / cette / ma* cerise
g. *ces / des / une / l'* oranges

3 Écris la lettre muette manquante.

a. Le pêcheur est dans le por.... .
b. On écoute le chan.... des oiseaux.
c. Je suis tombée au fon.... de l'eau.
d. Il m'a jeté un regar.... noir.
e. J'ai un gro.... chien en peluche.
f. Il a eu un acciden.... de vélo.

4 Complète les phrases avec les déterminants suivants : *ces*, *sa* ou *mon*.

a. .... lapin a mangé .... salade.
b. .... chats jouent dans .... jardin.
c. .... hamster est dans .... cage avec .... carotte.
d. .... chienne court dans .... prés et joue avec .... balle.
e. .... chiots sont malades, je les ai mis provisoirement dans .... panier.

5 **Colorie de la même couleur les mots de la même famille.**

saut	tasser	sautiller	édenté
dent	lit	entasser	literie
alité	tas	dentiste	sauter

6 **Complète avec un déterminant de ton choix, ils doivent être tous différents !**

a. .... chambre
b. .... personnes
c. .... volets
d. .... robot
e. .... mouvements
f. .... terre
g. ...... départs
h. .... cabanes

Dictée n° 6

→ Texte de la dictée page ②

→ Recopie le début de la dictée.

J'ai un robot. C'est moi qui l'ai inventé.

→ Écris le texte de la dictée.

Note ..../20

Dictée bonus n° 24 → Texte de la dictée page ⑦

Dictée 7

• Le futur des verbes des 1er et 2e groupes
• Les noms en *-ouil / -ouille* et *-euil / -euille*

Règles

• Le futur des verbes des 1er et 2e groupes

– Ils ont les mêmes terminaisons : ***infinitif* + *-ai*, *-as*, *-a*, *-ons*, *-ez*, *-ont*.**

– **1er groupe :** je marcher**ai**, tu marcher**as**, il marcher**a**, nous marcher**ons**, vous marcher**ez**, ils marcher**ont**

– **2e groupe :** je bondir**ai**, tu bondir**as**, il bondir**a**, nous bondir**ons**, vous bondir**ez**, ils bondir**ont**

• Les mots en *-ouil / -ouille* et *-euil / -euille*

– On écrit ***-ouille*** à la fin des **noms féminins** (**la** gren**ouille**, **la** citr**ouille**) et ***-ouil*** pour **l'unique mot masculin** se finissant par ce son : **le** fen**ouil**.

– On écrit ***-euille*** à la fin de **l'unique mot féminin** se finissant par ce son : **une feuille** et ***-euil*** pour les **mots masculins** : **un** faut**euil**, **un** écur**euil**, sauf pour les noms qui contiennent le mot ***feuille*** : **un** porte**feuille**.

– Attention quand le **son** (euil) est derrière un ***c*** ou un ***g***, il s'écrit ***-ueil*** : l'ac**cueil** / l'or**gueil**.
Parfois, ce son peut aussi s'écrire ***œil*** : **un œil**.

Exercices de préparation

→ Corrigés page ②

1 Entoure les verbes conjugués au futur.

danserons	donnerai	finissons
blottiront	donneras	préfère
jouais	rugira	surgirez
rougirai	écoutons	dansera

2 Écris les lettres pour faire le son (euil) ou (ouil).

a. un écur..........
b. l'org..........
c. une n..........
d. le fen..........
e. une and..........
f. un rec..........
g. un chèvref..........
h. un portef..........

3 Accorde les verbes entre parenthèses au futur.

a. Nous (*sauter*) .... dans le pré et nous (*jouer*) .... à saute-mouton.
b. Les chiens (*obéir*) .... à leur maître et ils (*rester*) .... près d'eux.
c. Je (*manger*) .... bien et je (*grandir*) .... vite.
d. Les cerises (*pourrir*) .... sur l'arbre, je ne les (*ramasser*) .... pas.

4 Complète les phrases avec des mots en *-ouil / -ouille* et *-euil / -euille*.

a. Quand je regarde la télévision, je m'assois dans un f................ .
b. Avec des courgettes, des aubergines et des tomates, maman a fait un plat de r................ .
c. J'ai demandé un renseignement dans le hall d'a................ de la gare.

5 Accorde ces verbes au futur et place-les dans la grille.

1. *manger* à la 3e personne du pluriel
2. *choisir* à la 1re personne du singulier
3. *finir* à la 2e personne du pluriel
4. *obéir* à la 2e personne du singulier
5. *grandir* à la 1re personne du pluriel
6. *tresser* à la 2e personne du singulier

6 Trouve des mots en *-eil / -eille* et *-ouil / -ouille* pour trouver les réponses aux devinettes.

a. On peut écrire dessus. → ....

b. Elle vit dans les mares. → ....

c. On met ses papiers d'identité dedans. → ....

d. Il est roux et monte aux arbres. → ....

Dictée n° 7

→ Texte de la dictée page ③

→ **Recopie le début de la dictée.**

Vous bâtirez une cabane devant l'œil étonné d'un écureuil.

→ **Écris le texte de la dictée.**

Note ..../20

Dictée *bonus* **n° 25** → Texte de la dictée page ⑦

Dictée 8

• *Être* et *avoir* au futur
• g / gu / ge

Règles

• *Être* et *avoir* au futur

– **être** → je ser**ai**, tu ser**as**, il ser**a**, nous ser**ons**, vous ser**ez**, ils ser**ont**
– **avoir** → j'aur**ai**, tu aur**as**, il aur**a**, nous aur**ons**, vous aur**ez**, ils aur**ont**

• g / gu / ge

– La lettre ***g*** produit le **son** (g) devant **a**, **o**, **u** : la **ga**re, le **go**rille, dé**gu**ster.
– Il faut écrire ***gu*** pour obtenir le **son** (g) devant **e** et **i** : la lan**gue**, une **gui**rlande.
– La lettre ***g*** produit le **son** (j) devant **e**, **i**, **y** : le **ge**nou, la **gi**rafe, la **gy**mnastique.
– Il faut écrire ***ge*** pour obtenir le **son** (j) devant **a** et **o** : de l'oran**ge**ade, un pi**ge**on.

Exercices de préparation

→ Corrigés page ③

1 Écris les mots dans la bonne colonne.

gorille – courgette – gentil – langue – guidon – courageux

J'entends (g)	J'entends (j)

2 Relie les sujets aux verbes conjugués.

Elle •	• auront
Les enfants •	• serai
Tu •	• sera
Nous •	• aurons
Je •	• seras

3 Complète avec *g*, *gu* ou *ge*, puis souligne les mots dans lesquels on entend (j) .

a. Nous man.... ons au buffet de la .... are.
b. Nous aurons la lan.... e toute rou.... e.
c. Il aime être sur le manè.... e.
d. Il s'est fait une blessure au .... enou.
e. La ti.... e de la fleur sera toute verte.
f. Les .... êpes aiment l'oran.... ade.
g. Le .... orille grimpe aux arbres.
h. Elle joue de la .... itare.

4 Complète par les verbes *être* ou *avoir* conjugués au futur.

a. Vous .... mal au genou et nous .... inquiets.
b. Tu .... grand et tu .... à l'université.
c. Les pigeons .... des graines et .... contents.
d. Je .... forte en gymnastique quand je .... grande.

5 **Complète les expressions avec des mots en *g*.**

a. Ru........ comme un lion.

b. M................ comme un ogre.

c. Faire des pas de g............ .

d. N.............. comme un dauphin.

e. Tomber dans la g.................. du loup.

6 **Entoure les six formes d'*être* et *avoir* conjugués au futur.**

s	e	r	e	z	i	s
e	a	u	r	a	n	e
r	r	a	o	s	t	r
a	u	r	a	s	u	a
i	a	u	r	o	n	t

Dictée n° 8

→ Texte de la dictée page ③

→ **Recopie le début de la dictée.**

Bientôt, j'aurai douze ans, je serai assez grande pour aller au collège seule.

→ **Écris le texte de la dictée.**

Note ..../20

Dictée *bonus* **n° 26** → Texte de la dictée page ⑦

Dictée 9

• Le futur des verbes du 3e groupe
• Le pluriel des noms en *-al*

Règles

• Le futur des verbes du 3e groupe

Ils ont tous la même terminaison : ***-ai*, *-as*, *-a*, *-ons*, *-ez*, *-ont***
mais leur radical change.

aller → j'ir**ai**	dire → je dir**ai**	faire → je fer**ai**
pouvoir → je pourr**ai**	prendre → je prendr**ai**	partir → je partir**ai**
voir → je verr**ai**	vouloir → je voudr**ai**	venir → je viendr**ai**

• Le pluriel des noms en *-al*

Ils forment leur pluriel en ***-aux*** : un chev**al** → des chev**aux**
Exceptions : des b**als**, des carnav**als**, des chac**als**, des festiv**als**, des récit**als**, des rég**als**...

Exercices de préparation

→ Corrigés page ③

1 Écris l'infinitif de ces verbes.

a. Ils prendront → ....
b. Nous ferons → ....
c. Je verrai → ....
d. Tu iras → ....
e. Vous direz → ....

2 Barre les noms qui ne forment pas leur pluriel en *-aux*.

a. animal – cheval – carnaval
b. canal – régal – cristal
c. festival – général – bocal
d. bal – hôpital – littoral
e. idéal – chacal – journal

3 Accorde au futur les verbes entre parenthèses.

a. Les enfants (*partir*) .... ensemble et je (*voir*) .... ma cousine.
b. Tu (*pouvoir*) .... venir avec nous quand nous (*aller*) .... au festival.
c. Elle (*venir*) .... à la maison quand vous nous le (*dire*) ....
d. Je (*prendre*) .... mes photos et je (*faire*) .... rapidement un album.
e. Il (*prendre*) .... des vacances la semaine prochaine et il (*partir*) .... loin.

4 Écris ces noms au pluriel.

a. un bocal → ....
b. un hôpital → ....
c. un récital → ....
d. le littoral → ....
e. un général → ....
f. un canal → ....
g. le cheval → ....
h. un chacal → ....
i. le cristal → ....
j. un carnaval → ....

Comment noter les dictées

Pour chaque dictée, pour calculer sa note sur 20 points :
un mot en vert, qui est correctement écrit, fait gagner 2 points **(+2)**,
un mot souligné en noir, mal écrit, fait perdre 1 point **(–1)**.

livret à détacher

Corrigés

1 La ponctuation et les coupes de mots est / et, son / sont (p. 4)

1 Entourer : a. sont ; b. et – son ; c. est ; d. son ; e. son ; f. sont ; g. sont – et

2 a. sur/pri/se ; b. vic/ti/mes ; c. sor/tie ; d. opé/ra/tion ; e. di/zai/ne

3 a. son – et – son ; b. est – est – son ; c. sont – et – sont ; d. son – et

4 a. **L**e journaliste se penche par la fenêtre**.** b. **E**st-ce que les secours sont arrivés **?**

5 a. son ; b. et ; c. sont ; d. est ; e. et ; f. est

6 a. F ; b. V ; c. F ; d. V

Dictée n° 1

Le journaliste apprend avec surprise que l'immeuble de son journal est en feu, les secours sont déjà sur place, les victimes se comptent par dizaines et le préfet de la région est sur le lieu du sinistre pour coordonner les opérations de sortie. Il se penche par la fenêtre pour vérifier ses informations et voit que son immeuble est bien en feu !

D'après Claude Bourgeyx, *Le Fil à retordre* © Éd. Nathan Poche

2 Le présent des verbes du 1er groupe s / ss (p. 6)

1

J'entends (s)	J'entends (z)
brosse	oiseau
sanglier	pause
installer	punaise

2 a. souffle ; b. écoutes ; c. ouvrent ; d. tremblez ; e. rangeons

3 a. visage ; b. livraison ; c. croustillant ; d. dessus ; e. inscrire ; f. instruire ; g. musique ; h. assiette ; i. brise

4 a. range ; b. mangeons ; c. crie ; d. avançons ; e. écoutes

5 1. PLONGES ; 2. BROIENT ; 3. ECOUTE ; 4. ENVOIE ; 5. JOUONS

6 a. saut ; b. noisette ; c. personne

Dictée n° 2

Couchés sous une épaisse fourrure, nous écoutons le vent qui crie au dehors. La cabane est solide, les fenêtres tremblent fort. Le vent pousse des nuages de neige devant lui, la glace crépite sur le toit. Soudain, un bruit. C'est un ours qui danse autour de la maison. [...] Le lendemain tu découvres sa trace dans la descente et nous traquons l'animal !

D'après Alain Surget, *Vivre dans le Grand Nord*, Superscope © Éd. Nathan

3 Le présent des verbes du 2e groupe Le son (e) (e, eu, œu) (p. 8)

1 Entourer : a. nourrir – finir ; b. choisir – obéir ; c. remplir ; d. punir – bondir ; e. surgir

2 a. jeudi ; b. cheveux ; c. fenêtre ; d. bœufs ; e. repas ; f. revenir ; g. œufs ; h. milieu ; i. chemin ; j. peur

3

	remplir	saisir	obéir	réfléchir
je/j'	remplis	saisis	obéis	réfléchis
elle	remplit	saisit	obéit	réfléchit
nous	remplissons	saisissons	obéissons	réfléchissons
ils	remplissent	saisissent	obéissent	réfléchissent

4 a. nœud ; b. feu ; c. pneu ; d. cheval ; e. vœux ; f. jeu ; g. cœur ; h. tenue

5

V	A	R	R	A	O
O	C	O	R	B	B
M	I	U	R	A	E
I	R	G	E	T	I
R	F	I	N	I	R
E	P	R	O	R	G

6 mieux – queue – meugler – neutre – hébreu – bleu – euro – creuser…

Dictée n° 3

Les clowns bondissent sur la piste : ils ont les cheveux bleus et jonglent avec des œufs. Anatole réussit à les voir en se levant de sa chaise. Il applaudit très fort. Un clown franchit la piste et monte dans les gradins vers lui. De sa poche, surgissent des bonbons. Anatole rougit mais il est heureux car tous les yeux sont sur lui.

4 *Être* et *avoir* au présent Les noms en *-ail* / *-aille* et *-eil* / *-eille* (p. 10)

1

	ils	je/j'	elle	vous	tu	nous
être	sont	suis	est	êtes	es	sommes
avoir	ont	ai	a	avez	as	avons

2

caille	soleil	sommeil
appareil	groseille	bouteille
paille	travail	veille

3 a. détail ; b. réveil ; c. corbeille ; d. gouvernail ; e. bataille ; f. oreille ; g. orteil ; h. canaille

4 a. sont – ont ; b. as – es ; c. avons – sommes ; d. est – a ; e. avez – êtes ; f. suis – ai

5

avais	avions	sont	seront
aviez	avez	aurons	avais
sommes	serai	aurez	aura
était	étiez	seront	suis
seront	ai	ont	est
es	serez	étions	seras

6 a. abeille ; b. paille ; c. soleil ; d. veille ; e. orteil ; f. gouvernail

Dictée n° 4

Tout est calme, plus de bataille, seul le marin est debout sur le bateau près du gouvernail. Les petites sirènes sont dans l'eau. Elles ont chacune une corbeille de fruits dans les mains et une fleur derrière l'oreille. Le marin les admire, il dit : « Vous êtes les plus belles filles de la mer, quelle merveille ! »

5 Le présent des verbes du 3e groupe (p. 12)

1

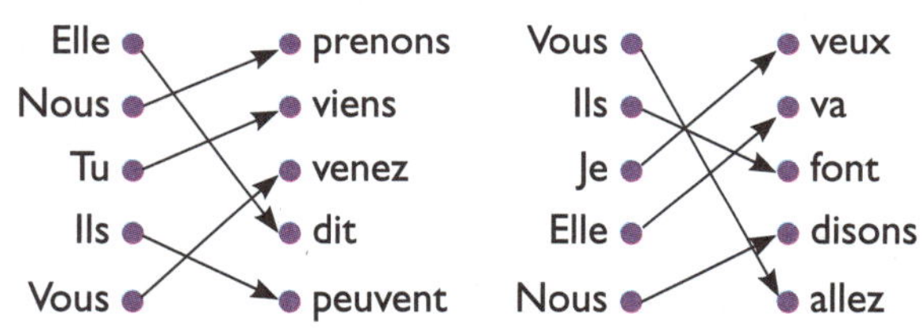

2 a. prend ; b. prennent ; c. prenez ; d. prends

3 a. Souligner : voyons – infinitif : voir ; b. Souligner : faites – infinitif : faire ; c. Souligner : faisons – infinitif : faire ; d. Souligner : viennent – infinitif : venir ; e. Souligner : dites – infinitif : dire

4 a. veulent ; b. part ; c. vas ; d. fais ; e. voyons ; f. veux

5 a. tu fais ; b. nous prenons ; c. je dis ; d. vous pouvez ; e. elle vient ; f. ils veulent

6 a. vient ; b. va ; c. fait ; d. veut

Dictée n° 5

Ma chère Lisa, je viens juste de m'installer en Bretagne pour deux mois. Ici, je veux me reposer et voir de nouveaux paysages. Tu peux dire à papa et maman que vous pouvez venir quand vous voulez. De ma fenêtre je vois la mer, je fais des bonnes siestes, je vais à la plage et je prends mon déjeuner dehors. C'est vraiment agréable ! Nous nous disons donc « à bientôt ».

6 L'accord dans le groupe nominal Les lettres muettes finales (p. 14)

1

féminin	masculin
lente	lent
longue	long
grande	grand
basse	bas

2 Entourer : a. une – cette ; b. des – ces – nos ; c. un – ce ; d. les ; e. cet – l' ; f. la – cette – ma ; g. ces – des

3 a. port ; b. chant ; c. fond ; d. regard ; e. gros ; f. accident

4 a. Mon – sa ; b. Ces – mon ; c. Mon – sa – sa ; d. Sa – ces – sa ; e. Ces – mon

5

saut	tasser	sautiller	édenté
dent	lit	entasser	literie
alité	tas	dentiste	sauter

6 Quelques propositions : a. cette / ma ; b. quelques / des ; c. plusieurs / ces ; d. un / ton ; e. mes / vos ; f. aucune / sa ; g. les / deux ; h. certaines / leurs

Dictée n° 6

J'ai un robot. C'est moi qui l'ai inventé. J'ai mis longtemps mais j'y suis arrivé. Je ne le montre à personne. Même pas à maman. Il est caché dans la chambre du fond, celle où l'on ne va jamais, celle dont les volets sont toujours fermés. Il est grand mon robot. Il est fort aussi mais pas trop. Et il sait parler. J'aime bien sa voix.

Bernard Friot, « Robot », *Nouvelles Histoires pressées*
© 2007 Éd. Milan Poche Junior

7 Le futur des verbes des 1er et 2e groupes Les noms en *-ouil / -ouille* et *-euil / -euille* (p. 16)

1 Entourer : danserons – donnerai – blottiront – donneras – rugira – surgirez – rougirai – dansera

2 a. écureuil ; b. orgueil ; c. nouille ; d. fenouil ; e. andouille ; f. recueil ; g. chèvrefeuille ; h. portefeuille

3 a. sauterons – jouerons ; b. obéiront – resteront ; c. mangerai – grandirai ; d. pourriront – ramasserai

4 a. fauteuil ; b. ratatouille ; c. accueil

5 1. MANGERONT ; 2. CHOISIRAI ; 3. FINIREZ ; 4. OBÉIRAS ; 5. GRANDIRONS ; 6. TRESSERAS

6 a. une feuille ; b. la grenouille ; c. un portefeuille ; d. un écureuil

Dictée n° 7

Vous bâtirez une cabane devant l'œil étonné d'un écureuil. Pendant ce temps, nous remplirons nos paniers de citrouilles. Car aujourd'hui nous fêterons pour la première fois Halloween. Les enfants sonneront sans orgueil chez les voisins pour demander des bonbons. Ensuite, ils les cacheront sous le fauteuil installé dans leur belle cabane.

8 *Être* et *avoir* au futur g / gu / ge (p. 18)

1

J'entends (g)	J'entends (j)
gorille	courgette
langue	gentil
guidon	courageux

2

- Elle → sera
- Les enfants → auront
- Tu → seras
- Nous → aurons
- Je → serai

3 a. mangeons – gare ; b. langue – rouge ; c. manège ; d. genou ; e. tige ; f. guêpes – orangeade ; g. gorille ; h. guitare

4 a. aurez – serons ; b. seras – seras ; c. auront – seront ; d. serai – serai

5 a. Rugir ; b. Manger ; c. géants ; d. Nager ; e. gueule

6

s	e	r	e	z	i	s
e	a	u	r	a	n	e
r	r	a	o	s	t	r
a	u	r	a	s	u	a
i	a	u	r	o	n	t

Dictée n° 8

Bientôt, j'aurai douze ans, je serai assez grande pour aller au collège seule. Maman ne sera pas toujours tranquille, elle aura peur qu'on me vole ma bague et ma guitare. Mes amis me trouveront courageuse de faire des concerts en public et ils auront envie de venir m'applaudir. Je sais que ces jours-là je serai vraiment une grande !

9 Le futur des verbes du 3e groupe Le pluriel des noms en *-al* (p. 20)

1 a. prendre ; b. faire ; c. voir ; d. aller ; e. dire

2 Barrer : a. carnaval ; b. régal ; c. festival ; d. bal ; e. chacal

3 a. partiront – verrai ; b. pourras – irons ; c. viendra – direz ; d. prendrai – ferai ; e. prendra – partira

4 a. des bocaux ; b. des hôpitaux ; c. des récitals ; d. les littoraux ; e. des généraux ; f. des canaux ; g. les chevaux ; h. des chacals ; i. les cristaux ; j. des carnavals

5 1. VIENDREZ ; 2. VERRAS ; 3. FERONS ; 4. IRA ; 5. PARTIRONT ; 6. POURRAI

6 a. CANAUX ; b. ANIMAUX ; c. CHEVAUX ; d. RÉCITALS ; e. BOCAUX

Dictée n° 9

Un jour, Paul ira dans la montagne. Il pourra observer de nombreux animaux. Il partira tôt le matin. Il ira au plus vite franchir les nombreux canaux pour surprendre les chamois au réveil. Je ferai tout pour l'accompagner. Ensemble, nous ferons des découvertes incroyables et prendrons des photos des plus beaux chevaux.

10 L'accord en genre des adjectifs qualificatifs Le féminin des noms (p. 22)

1 Entourer : a. grande ; b. abîmé ; c. bleue ; d. joli ; e. trouée

2 a. amie ; b. apprentie ; c. princesse ; d. aviatrice ; e. cuisinière

3 a. Elle a mis sa jupe noire. b. Tu as mis une jupe décousue. c. Cette grande jupe est à moi. d. La jupe bleue et grise est dans l'armoire.

4 a. La poule blanche ; b. une grande cousine ; c. Une spectatrice – la jeune acrobate ; d. Cette jeune chienne – la grande biche

5

GRISE	**BLEUE**	NOIR	PETIT
VIF	**NOUVELLE**	**PETITE**	GRIS
JOLI	**CHÈRE**	**MEILLEURE**	**VIVE**
BELLE	**AFFREUSE**	**LONGUE**	COURT
BLANCHE	**VERTE**	**JOLIE**	**NOIRE**

14

6 a. charrue (chat / rue) ; b. boulangerie (bout / lange / riz)

Dictée n° 10

Sulki est une jeune Indienne venue d'une belle région d'Amérique du nord. Elle a les yeux noirs comme une nuit profonde, et la peau dorée et cuivrée comme la pleine lune. Sa meilleure amie est la jolie Akami. Ensemble, elles parcourent sans cesse les grandes vallées américaines avec leurs chevaux.

11 *Être* et *avoir* à l'imparfait c / ç (p. 24)

1 ©arrière – ©ygne – ©itrouille – ©ampagne – dé©ennie – ©ousin – ©onte – lan©ais – per©euse –

t'élan©ais – ©orde – ©édille – gar©on – ©itron – ©adenas

2 a. avions ; b. avaient ; c. avais ; d. avait ; e. avais ; f. étiez ; g. étais ; h. était ; i. étaient ; j. aviez

3 a. coq – court – cuisine ; b. abricot – lançait ; c. biscotte – sac ; d. commence – hameçon – canne ; e. coquelicots – facilement – balcon

4 a. avions – étions ; b. avaient – étais ; c. étaient – étais ; d. étiez – avais ; e. avais – étais

5

C	O	E	U	R	C
A	C	P	C	A	A
S	O	A	H	C	R
T	U	R	I	I	O
O	R	C	E	N	T
R	O	L	N	E	T
C	E	R	I	S	E
C	L	O	U	V	D

6 Barrer : a. étais ; b. êtes ; c. été ; d. avait

Dictée n° 11

Firmin était avec son père. Ils étaient comme toujours devant la façade de la ferme. Soudain, le petit cygne commença à remonter la longue colonne formée par les coqs d'un pas très rapide. L'un d'entre eux attira son attention. Il était différent de ses camarades car il avait une couleur beaucoup plus claire. Les autres étaient, en plus, moins rapides que lui car ils avaient froid.

12 L'imparfait L'accord en nombre des adjectifs qualificatifs (p. 26)

1 Entourer : a. long ; b. pointues ; c. nouveaux ; d. malin ; e. belle ; f. grande

2 a. vivait ; b. demandais ; c. empruntions ; d. habitaient ; e. prenais ; f. finissiez

3 a. les petites stations ; b. les beaux terriers ; c. des forêts multicolores ; d. ces hommes heureux ; e. ces jolies fleurs

4 a. Cet oiseau grandissait vite. ; b. Elles aimaient les beaux cerfs. ; c. Quand tu voulais, tu pouvais ! ; d. Je cachais la balle dans le fourré.

5

Le	grandes	hibou	dominaient	les	gros	vallée.
La	petit	oiseau	ulule	la	belle	cerfs.
Les	heureux	montagnes	donnions	l'	vieux	fourré.

6 a. DONNAIENT ; b. PARLAIS ; c. APPELAIS

Dictée n° 12

C'était un énorme loup, aux grandes dents pointues, aux longues oreilles qui vivait dans une belle forêt de l'autre côté de la montagne. Quand il sortait de sa tanière, les lapins sautaient dans leurs trous, les cerfs partaient entre les fourrés verts, les jolis oiseaux s'envolaient en haut des arbres et le petit hibou criait de peur.

13 L'accord sujet-verbe Les mots invariables (p. 28)

1 Barrer : a. fait ; b. année ; c. vu ; d. fou ; e. elle ; f. jolie ; g. belle

2 a. mange ; b. dévorent ; c. rumine ; d. aiment ; e. grossit ; f. joue

3 Entourer : devant ; lorsque ; sur ; dans ; avec ; puis ; quand

4

a. l'oiseau → chante
les oiseaux → chantent

b. les gentils petits chats → miaulaient
le gentil petit chat → miaule

c. les chiens → dormaient
le chien → dormait

d. le grand fauve → sautera
les grands fauves → sauteront

5

B	M	A	L	G	R	E
I	T	R	O	P	B	V
E	N	S	U	I	T	E
N	S	O	T	S	U	R
T	B	U	T	R	E	S
O	A	S	S	E	Z	A
T	X	A	V	A	N	T

6 Barrer : a. joue – sautez – mange ; b. rongent – lècheront ; c. boiront ; d. es – est

Dictée n° 13

À la fin de la séance, les carnivores décident tous de devenir herbivores. [...] La paix règne désormais dans la savane. Lorsque les herbivores aperçoivent un fauve, ils ne sont plus obligés de s'enfuir. Ils continuent de brouter paisiblement. [...] Au bout de quelques mois, le rêve tourne au cauchemar. La savane est devenue surpeuplée.

D'après Emmanuel Trédez, *Que mangent-ils ?* Superscope © Éd. Nathan

14 m devant m, b et p — on / ont, a / à (p. 30)

1 a. lanterne – lampion – triomphe ; b. bombe – bonbon (exception) – timbre ; c. enfermer – néanmoins (exception) – homme ; d. continuer – tomber – demander

2 a. Violette a couru à la campagne. ; b. Elles ont mangé à midi. ; c. On a eu très chaud à la mer.

3 Entourer : bonbon – embonpoint – néanmoins – bonbonne – bonbonnière

4 a ; à ; ont ; ont ; à ; on ; on ; à

5 1. TONDRE ; 2. RAMPE ; 3. OMBRE ; 4. CAMPER ; 5. JAMBE

6 a. On a vu un crabe. b. Elles ont mangé à la plage.

Dictée n° 14

Cet été, mes cousins ont passé leurs vacances à la montagne avec des amis. Chacun a apporté son vélo : ils ont fait une course dans la forêt. Le premier arrivé a remporté un tambour sur des roulettes et le dernier une ombrelle pour mettre sur son vélo. Quand ils nous ont raconté leur journée, on a bien ri et on a vidé la bonbonnière !

15 Le passé composé avec *avoir* dans les verbes des 1er et 2e groupes — Les accents de la lettre e (p. 32)

1

accent aigu	accent circonflexe	accent grave
piéton	pêche	père
trésor	fête	chère

2

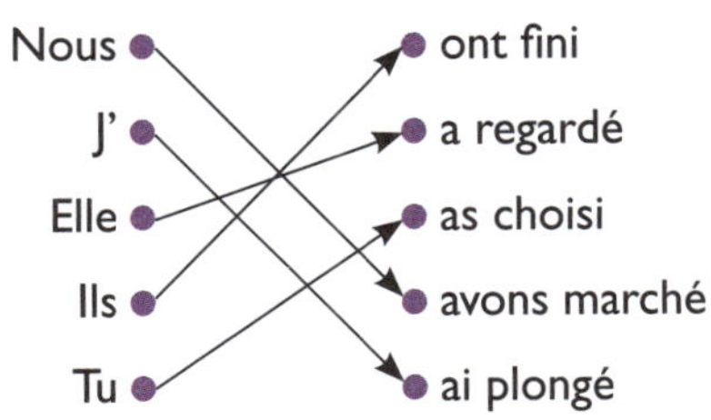

3 a. un élève énervé ; b. une flèche cassée ; c. une sirène abandonnée ; d. un blessé délaissé ; e. une belle-mère fatiguée ; f. une arête desséchée ; g. nécessaire ; h. le café sucré ; i. une princesse élégante

4 a. avez marché – as aimé ; b. ai grandi – ont rangé ; c. a réussi – avons franchi

5 a. éléphant ; b. derrière ; c. forêt ; d. écureuil ; e. cheminée

6 Entourer : a. Tu as choisi le bon endroit. ; b. Les chiens ont bondi sur le chat. ; c. Nous avons cherché partout. ; d. Vous avez mangé la tarte.

Dictée n° 15

J'ai marché à toute vitesse vers ma chambre et j'ai plongé dans mon lit. Deux secondes après le voleur a bondi pour sortir par la fenêtre. J'ai fait semblant d'être mort de peur. Il a sauté par-dessus la fenêtre, il a posé un pied sur l'échelle et patatras ! [....] J'ai vite refermé les volets et j'ai choisi de me recoucher pour de bon.

D'après Bernard Friot, « Le voleur » *Nouvelles Histoires pressées*, © 2007 Éd. Milan Poche Junior

16 Le passé composé avec *être* des verbes du 1er groupe — Les mots référents pour les sons (p. 34)

1

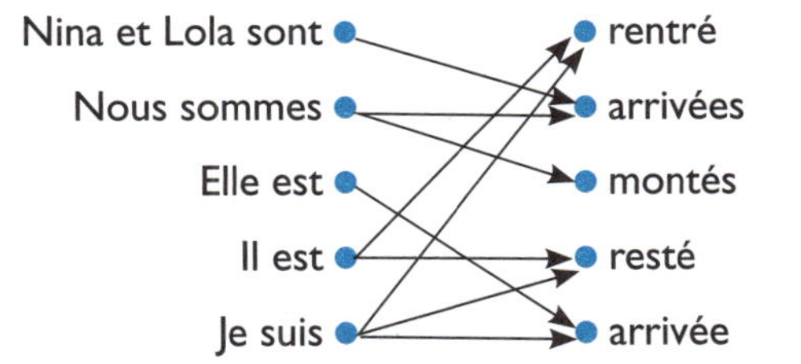

2

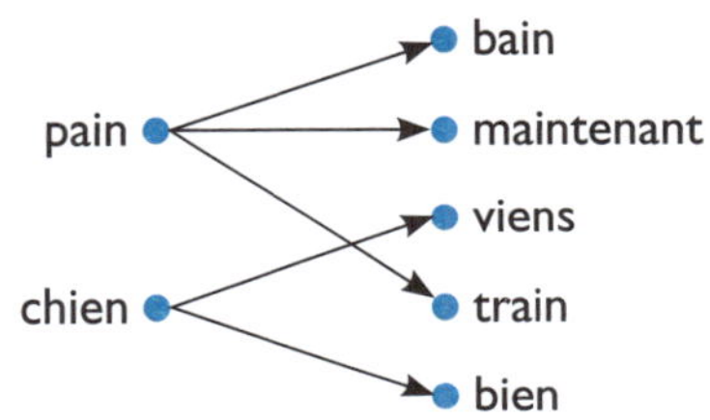

3 a. est arrivé ; b. sont restés ; c. êtes rentré(e)s ; d. sommes restés

4

sœur	beau	dans	panier
cœur	pruneau	tante	tisonnier
rancœur	beaucoup	quand	ouvrier

5 Entourer : a. tombée – restée ; b. arrivés – montés ; c. restés ; d. tombée

6 a. référent : jardinier – pan**ier** ; b. référent : mai – **sai**son ; c. référent : lent – prud**ent** ; d. référent : peau – pinc**eau**

Dictée n° 16

Je suis arrivé jusqu'à ta porte pour te souhaiter beaucoup de bonheur, mais le chat m'a vu et m'a pris pour une souris, et il s'est lancé à ma poursuite en long et en large jusqu'à ce que je sois complètement épuisé. Néanmoins, j'ai quand même réussi à rentrer à la maison, et là, c'est une souris qui m'a vu et elle m'a pris pour un chat et elle m'a accueilli à coups de pelle et de tisonnier.

Ton affectionné

Lewis Caroll, lettre d'anniversaire, traduit par J.M.G. Le Clézio © Éd. Gallimard

17 *Être* et *avoir* au passé composé Le pluriel des noms en *-s*, *-x*, *-z* et *-ou* (p. 36)

1

pluriel en -oux		noms qui ne varient pas	
chou	bijou	lynx	~~renard~~
~~coucou~~	caillou	tapis	~~loup~~
~~fou~~	~~clou~~	~~guépard~~	nez
~~trou~~	joujou	noix	~~chat~~

2 a. nous ; b. tu ; c. j' ; d. vous ; e. ils / elles ; f. il / elle ; g. il / elle ; h. ils / elles ; i. j' ; j. nous

3 a. des grands quiz ; b. des longs cous ; c. des grosses noix ; d. les petits tapis ; e. des puits profonds ; f. des gros rhinocéros ; g. des jolis bijoux ; h. des genoux abîmés ; i. des gros cailloux ; j. des petits pois

4 a. ont été ; b. ai eu ; c. avons eu ; d. as été ; e. a été

5 Départ
↓

tapis	gaz	lit	chou	poisson
branche	souris	flûte	chien	stylo
arbre	lynx	cas	quiz	maison
clou	pêche	envie	puits	livre
fraise	cou	livre	noix	joujou
genou	mot	caisse	nez	pays

↓Arrivée

6 a. (il / elle) a été ; b. eu ; c. (nous) avons eu ; d. été ; e. avoir

Dictée n° 17

Les hiboux ont été très surpris de m'entendre. Ils ont eu un petit cri comme celui que font les souris. Pourtant j'ai été discret, je suis resté caché derrière le puits, là où il y a des tas de noix. Mon père ne me voyait plus revenir. Il a eu peur que je sois tombé, que mes genoux soient écorchés et mon nez cassé.

18 Les homonymes (p. 38)

1 a. la ; b. le ; c. le ; d. la

2 a. vert ; b. vers ; c. verre ; d. verts

3

Mots qui n'ont pas d'homonyme	Mots qui ont un homonyme
stylo	pain – pin
armoire	dans – dent – d'en
pied	les – laid – laie
drap	cent – sang – sans – sens – s'en
fleur	chaîne – chêne
	signe – cygne
	goutte – goûte

4 Barrer : a. foie ; b. lis ; c. sans ; d. voie ; e. être

5 a. poids ; b. coup ; c. champ ; d. mettre

6 a. comptes ; b. fin ; c. loup ; d. vert

Dictée n° 18

Il était une fois deux sœurs qui se ressemblaient beaucoup. Elles avaient une voix extraordinaire que leur mère adorait par-dessus tout. Chaque mois, elles partaient sept fois pour faire de grands récitals dans le monde entier. Elles étaient toujours très applaudies.

Dictées bonus

Dictée n° 19 → La ponctuation et les coupes des mots – est / et, son / sont (p. 5)

Comme chaque lundi, Léon promène son chien le long de la plage. Ce jour-là, alors qu'ils sont tranquillement assis devant la mer, ils entendent un petit cri et voient une petite mouette pointer son bec. Il est tout abîmé et tout rouge. Léon décide d'attraper la petite mouette pour la ramener chez lui et la soigner. Son chien est un peu jaloux !

Dictée n° 20 → Le présent des verbes du 1er groupe – s / ss (p. 7)

La maîtresse tire sa chaise, derrière le bureau. Les uns après les autres, elle nous regarde. Elle nous inspecte. Nous rions. Elle ne pose qu'une fesse sur la chaise parce que la chaise est trop petite pour la maîtresse. Puis, elle se lève brusquement, et dit : « Vous ne copiez pas assez vite la dictée sur les saisons, nous ne recommençons pas la lecture. »

Dictée n° 21 → Le présent des verbes du 2e groupe – Le son (e) (e, eu, œu) (p. 9)

Ma mère nous dit : « Vous vous nourrissez mal le jeudi quand je vous laisse seuls à la maison ». Pourtant, nous finissons tout notre repas, même quand maman nous fait du bœuf ! Moi, j'obéis beaucoup plus que mon frère. Lui, il bondit de sa chaise dès qu'il finit son dessert et parfois même au milieu du repas !

Dictée n° 22 → *Être* et *avoir* au présent – Les noms en *-ail* / *-aille*, *-eil* / *-eille* (p. 11)

C'est la veille de mon départ sous le grand soleil d'Espagne, j'ai juste encore un peu de travail à faire avant de découvrir cette merveille. Ma copine aux cheveux couleur paille est avec moi. Nous sommes les reines de l'aventure. Nous avons rajouté dans nos grosses valises une bouteille d'eau en cas de petite soif !

Dictée n° 23 → Le présent des verbes du 3e groupe (p. 13)

Mes parents vont chaque nuit dans le jardin voir la lune. Maintenant je peux venir avec eux car je suis assez grande ! Ils prennent leur longue-vue et veulent regarder chaque petit coin du ciel. Moi, je veux juste admirer la Grande Ourse. Je prends mes jumelles et je fais de mon mieux pour les ajuster. À chaque fois je les prends à l'envers et papa me dit : « Tu ne vois rien comme ça ! »

Dictée n° 24 → L'accord dans le groupe nominal – Les lettres muettes finales (p. 15)

C'est après mon départ que les choses se sont gâtées. Il y a eu la guerre, en bas ! Le grand jeu : des disputes, [...] des mouvements de troupes, [...] la terre à feu et à sang en moins de temps qu'il n'en faut pour le dire ! [...] Le contact a été rompu entre cette planète et moi. [...] Je me demande même s'il y a eu un survivant.

D'après Claude Bourgeyx, *Le Fil à retordre* © Éd. Nathan Poche

Dictée n° 25 → Le futur des verbes des 1er et 2e groupes – Les noms en *-ouil* / *-ouille* et *-euil* / *-euille* (p. 17)

Au seuil de la forêt nous marcherons, un chevreuil bondira de derrière un arbre, il nous étonnera. Les enfants se blottiront dans les bras de leurs parents. Une toute petite grenouille passera devant nous et choisira de continuer son chemin sans nous regarder. Je dirai alors à mes parents : « Partons, la forêt ne nous fait pas un bon accueil ! »

Dictée n° 26 → *Être* et *avoir* au futur – g / gu / ge (p. 19)

Moi, j'aurai cent ans quand tu auras trente ans. Tu seras toujours aussi gaie et gentille. Tes parents eux, ils auront soixante-dix ans, ils seront, j'espère, encore en très bonne santé. Ta sœur aura certainement toujours la langue bien pendue et ton père aura encore l'envie de faire de la gymnastique pour être en pleine forme.

Dictée n° 27 → Le futur des verbes du 3e groupe – Le pluriel des noms en *–al* (p. 21)

Plus tard, je voudrai habiter près du littoral et avoir des animaux. Je prendrai des chevaux qui pourront courir dans de grands espaces et des petits poissons qui feront des courses dans de grands bocaux. Je partirai aussi danser dans des festivals et au carnaval de Rio, puis j'écrirai toutes ces aventures dans des journaux.

Dictée n° 28 → L'accord en genre des adjectifs qualificatifs – Le féminin des noms (p. 23)

La petite apprentie travaillait depuis trois heures en cuisine. Sa patronne attendait une invitée importante et voulait que la soirée soit parfaite. Dans le salon, la chatte noire dormait profondément près de la grande et jolie cheminée.

Dictées bonus

Dictée n° 29 → *Être* et *avoir* à l'imparfait – c / ç (p. 25)

Vous étiez près d'un lac avec vos copains. Vous vouliez pêcher. Tu avais dans un joli sac un hameçon et une grande canne à pêche. Les autres enfants avaient des cerises et des biscuits pour le goûter. Ils étaient très heureux d'y avoir pensé car la journée de pêche allait être longue.

Dictée n° 30 → L'imparfait – L'accord en nombre des adjectifs qualificatifs (p. 27)

Depuis des mois, je demandais à mes parents de faire une jolie fête avec mes bonnes copines, dans la merveilleuse maison qu'ils louaient à l'année près de la mer. Oh, ce n'était qu'une petite maison sans grand confort : on y trouvait deux minuscules chambres bleues encombrées par trois grands placards, une vieille cuisine et un tout petit salon, mais nous, on l'adorait cette maison !

Dictée n° 31 → L'accord sujet-verbe – Les mots invariables (p. 29)

Le lendemain matin, Tim et Mina se lèvent au chant du coq. Ils ouvrent grand les volets de leur chambre et posent un bracelet de Taty Nanne bien en vue sur la fenêtre. Le bijou brille au soleil comme s'il était en diamant. Au même moment Taty Nanne ouvre un œil. Elle se dépêche de se lever. Vite on l'attend.

Michèle Bayar, ***Le Voleur invisible,*** Énigme des vacances © Éd. Nathan

Dictée n° 32 → *m* devant *m*, *b* et *p* – on / ont, a / à (p. 31)

Il y a à Paris une belle boulangerie où on peut acheter des bonbons à n'importe quelle heure du jour et de la nuit. Mais attention, ils ont un prix néanmoins élevé ! Cette boulangerie se trouve dans une petite rue près du boulevard et elle est toujours éclairée par une lanterne et des jolis lampions, comme si c'était Noël toute l'année !

Dictée n° 33 → Le passé composé avec *avoir* dans les verbes des 1er et 2e groupes – Les accents de la lettre *e* (p. 33)

Ma chère Lulu, quand tu as choisi de venir à la maison prendre le café, nous avons refusé. J'ai regretté de ne pas t'avoir répondu assez vite. Papi a changé de vélo et il a saisi l'occasion de partir avec des amis en forêt pour la journée. Je suis désolé. À bientôt, ma grande Lulu chérie.

Dictée n° 34 → Le passé composé avec *être* des verbes du 1er groupe – Les mots référents pour les sons (p. 35)

Ça s'est passé bien simplement. L'enfant se rendait à l'école [...] quand le chien s'est jeté sur lui... et comme le chien était bien plus fort [...] le petit est tombé.
Un ouvrier maçon qui passait par là a vu la bataille, alors il est arrivé avec une barre de fer et il a frappé sur le chien.

Sacha Guitry, Extrait du film *Pasteur*

Dictée n° 35 → *Être* et *avoir* au passé composé – Le pluriel des noms en *-s*, *-x*, *-z* et *-ou* (p. 37)

Vous avez eu longtemps dans vos poches des petits cailloux. Ils ont été pour vous aussi précieux que des bijoux. En aucun cas, vous ne les auriez échangés contre des joujoux ou des sous. Vous aimiez en faire des petits tas sur des tapis et penser qu'ils étaient magiques. Aujourd'hui, ces grigris sont à la poubelle et vous avez été tristes de l'apprendre.

Dictée n° 36 → Les homonymes (p. 39)

L'écureuil Guerriot, une faîne entre les dents, sautait de branche en branche. [...] Il revenait de la lisière de la forêt où il visitait les hêtres cherchant pour sa provision d'hiver des faînes mûres et précoces. Il grimpa en haut du gros arbre car comme tous les ans le moment est venu de la récolte.

D'après Louis Pergaud, *De Goupil à Margot*

5 **Complète les mots croisés avec ces verbes conjugués au futur.**

1. *venir* à la 2e personne du pluriel
2. *voir* à la 2e personne du singulier
3. *faire* à la 1re personne du pluriel
4. *aller* à la 3e personne du singulier
5. *partir* à la 3e personne du pluriel
6. *pouvoir* à la 1re personne du singulier

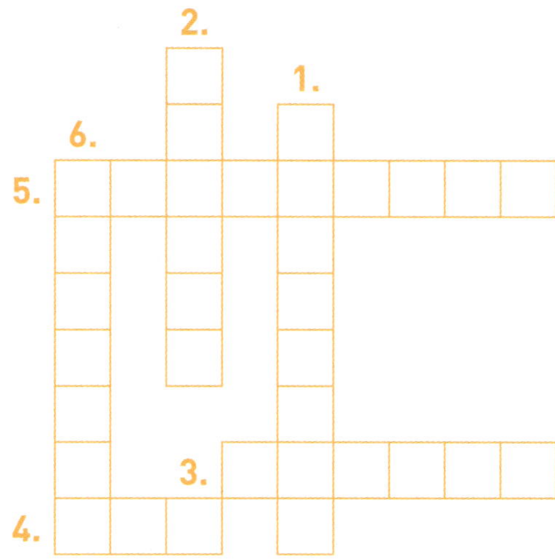

6 **Remets les lettres dans l'ordre pour trouver les mots au pluriel. La 1re est en rouge.**

a. A U X N A C → ....

b. N A X U A I M → ....

c. U C A H E V X → ....

d. S É R C T L A I → ....

e. B A O C X U → ....

Dictée n° 9

→ Texte de la dictée page ③

→ **Recopie le début de la dictée.**

Un jour, Paul ira dans la montagne.

→ **Écris le texte de la dictée.**

Note ..../20

Dictée bonus n° 27 → Texte de la dictée page ⑦

Dictée 10

• L'accord en genre des adjectifs qualificatifs
• Le féminin des noms

Règles

• L'accord en genre des adjectifs qualificatifs

Dans le groupe nominal, l'adjectif qualificatif s'accorde **toujours** avec le nom qu'il accompagne :

- **au masculin** : **un** vêtement noir, **le** pantalon troué, **ce** beau manteau
- **au féminin** : **une** chaussette noir**e**, **la** chaussure troué**e**, **cette belle** tunique

• Le féminin des noms

– Le plus souvent, on rajoute un **-e** pour écrire la marque du féminin : un lapin → un**e** lapin**e**.

– Il existe de nombreux cas particuliers :

un boulang**er** → une boulang**ère**	un direct**eur** → une direct**rice**
un Indi**en** → une Indi**enne**	un tigre → une tigr**esse**
un coq → une poule	un artiste → une artiste

Exercices de préparation

→ Corrigés page ③

1 **Entoure l'adjectif qualificatif qui convient.**

a. cette *grande* / *grand* chemise

b. son blouson *abîmée* / *abîmé*

c. l'écharpe *bleu* / *bleue*

d. le *joli* / *jolie* bonnet

e. la chaussette *troué* / *trouée*

2 **Écris les noms féminins.**

a. un ami → une ....

b. un apprenti → une ....

c. un prince → une ....

d. un aviateur → une ....

e. le cuisinier → la ....

3 **Réécris les phrases en remplaçant *short* par *jupe*.**

a. Elle a mis son short noir. → ....

b. Tu as mis un short décousu. → ....

c. Ce grand short est à moi. → ....

d. Le short bleu et gris est dans l'armoire. → ....

4 **Écris les mots entre parenthèses au féminin.**

a. (*Le coq blanc*) chante au lever du soleil. → ....

b. Léo a (*un grand cousin*). → ....

c. (*Un spectateur*) applaudit (*le jeune acrobate*). → ....

d. (*Ce jeune chien*) aboie après (*le grand cerf*). → ....

5 **Compte les adjectifs féminins et entoure le bon nombre.**

GRISE	BLEUE	NOIR	PETIT
VIF	NOUVELLE	PETITE	GRIS
JOLI	CHÈRE	MEILLEURE	VIVE
BELLE	AFFREUSE	LONGUE	COURT
BLANCHE	VERTE	JOLIE	NOIRE

9 – 12 – 14 – 16

6 **Résous les charades.**

a. Mon premier est un animal domestique à moustache.
Les voitures roulent dans mon second.
Mon tout sert à labourer les champs.

→ ....

b. Mon premier est à une extrémité.
Mon deuxième est l'ancien nom donné aux couches de bébé.
Mon troisième est une céréale qui pousse en Asie.
Mon tout est un magasin.

→ ....

Dictée n° 10

→ Texte de la dictée page 3

→ **Recopie le début de la dictée.**

Sulki est une jeune Indienne venue d'une belle région

→ **Écris le texte de la dictée.**

Note ..../20

Dictée *bonus* **n° 28** → Texte de la dictée page 7

Dictée 11

• *Être* et *avoir* à l'imparfait
• c / ç

Règles

• ***Être* et *avoir* à l'imparfait**

– ***être*** → j'**étais**, tu **étais**, il **était**, nous **étions**, vous **étiez**, ils **étaient**

– ***avoir*** → j'**avais**, tu **avais**, il **avait**, nous **avions**, vous **aviez**, ils **avaient**

• **c / ç**

– La lettre ***c*** produit le **son** (k) devant ***a***, ***o*** et ***u*** : un **c**artable, un **c**outeau, une **c**ulotte.

– La lettre ***c*** produit le **son** (s) devant ***e***, ***i*** et ***y*** : une **c**erise, une **c**itrouille, un **c**ycle.

– Il faut écrire ***ç*** pour obtenir le **son** (s) devant ***a***, ***o*** et ***u*** : une fa**ç**ade, un ma**ç**on, il est dé**ç**u.

Exercices de préparation

→ Corrigés page (3)

1 Entoure la lettre *c* en rouge quand tu entends (s) et en vert quand tu entends (k).

une carrière – un cygne – une citrouille – la campagne – une décennie – un cousin – un conte – je lançais – une perceuse – tu t'élançais – une corde – une cédille – le garçon – un citron – un cadenas

2 Complète les terminaisons d'*être* et *avoir* à l'imparfait.

a. nous av.........
b. elles av.........
c. j'av.........
d. il av.........
e. tu av.........
f. vous ét.........
g. tu ét.........
h. elle ét.........
i. ils ét.........
j. vous av.........

3 Écris *c* ou *ç*.

a. Le .....oq .....ourt dans la .....uisine de la ferme.

b. Il mangeait un abri.....ot puis lan.....ait le noyau.

c. J'ai mis une bis.....otte dans son sa..... pour le goûter.

d. Quand il commen.....e à pêcher il met un hame.....on au bout de sa .....anne à pêche.

e. Les .....oqueli.....ots poussent fa.....ilement sur mon bal.....on.

4 Écris à l'imparfait les verbes entre parenthèses.

a. Nous (*avoir*) .... un nouvel animal. Nous (*être*) .... heureux.

b. Ils (*avoir*) .... des castors. J'(*être*) .... impressionné.

c. Elles (*être*) .... en colonne. Tu (*être*) .... rassuré.

d. Vous (*être*) .... bien accompagnés. J'(*avoir*) .... confiance.

e. Tu (*avoir*) .... froid car tu (*être*) .... fatiguée.

5 **Entoure les six mots dans lesquels tu entends le son (k).**

C	O	E	U	R	C
A	C	P	C	A	A
S	O	A	H	C	R
T	U	R	I	I	O
O	R	C	E	N	T
R	O	L	N	E	T
C	E	R	I	S	E
C	L	O	U	V	D

6 **Tu as une minute pour barrer l'intrus dans chaque ligne.**

a. avais – avaient – avions – étais – aviez
b. étais – étions – étaient – étiez – êtes
c. avais – étais – étaient – été – avait
d. avait – étaient – étais – était

Dictée n° 11

→ Texte de la dictée page (4)

→ **Recopie le début de la dictée.**

Firmin était avec son père.

→ **Écris le texte de la dictée.**

Note . . . . /20

Dictée bonus **n° 29** → Texte de la dictée page (8)

Dictée 12

• L'imparfait
• L'accord en nombre des adjectifs qualificatifs

Règles

• L'imparfait

– Tous les verbes ont la même terminaison : ***-ais***, ***-ais***, ***-ait***, ***-ions***, ***-iez***, ***-aient***.
– **1er groupe** : je parl**ais**, tu parl**ais**, il parl**ait**, nous parl**ions**, vous parl**iez**, ils parl**aient**
– **2e groupe** : on met ***ss*** devant les terminaisons → je fini**ssais**, tu fini**ssais**, il fini**ssait**, nous fini**ssions**, vous fini**ssiez**, ils fini**ssaient**
– **3e groupe** : j'all**ais**, je dis**ais**, je fais**ais**, je part**ais**, je pouv**ais**, je pren**ais**, je ven**ais**, je voul**ais**, je voy**ais**

• L'accord en nombre des adjectifs qualificatifs

– Dans le groupe nominal, l'adjectif qualificatif s'accorde toujours avec le nom qu'il accompagne.
– Généralement, il prend comme le nom un ***-s*** au pluriel :
un grand chemin → **des** grand**s** chemin**s** la rivière gelée → **les** rivière**s** gelée**s**
– Si l'adjectif est en ***-eau***, il prend un ***-x*** : un beau sapin → **des** beau**x** sapin**s**.
– Si l'adjectif se termine par ***-s*** ou ***-x***, on n'ajoute rien : ce vieux loup → **ces** vieu**x** loup**s**.

Exercices de préparation

→ Corrigés page 4

1 Entoure l'adjectif qualificatif qui convient.

a. le *longs* / *long* trajet
b. les oreilles *pointue* / *pointues*
c. des *nouveau* / *nouveaux* terriers
d. un lapin *malins* / *malin*
e. cette *belles* / *belle* forêt
f. ma *grandes* / *grande* sœur

2 Écris la terminaison des verbes à l'imparfait.

a. Il viv.......... dans la forêt.
b. Je demand.......... à mes parents.
c. Nous emprunt.......... un chemin détourné.
d. Elles habit.......... sous la terre.
e. Tu pren.......... tes bottes pour marcher.
f. Vous fini.......... votre promenade.

3 Écris ces groupes nominaux au pluriel.

a. la petite station → ....
b. le beau terrier → ....
c. une forêt multicolore → ....
....
d. cet homme heureux → ....
....
e. cette jolie fleur → ....
....

4 Écris les phrases à l'imparfait.

a. Cet oiseau grandit vite.
→ ....
b. Elles aiment les beaux cerfs.
→ ....
c. Quand tu veux, tu peux !
→ ....
d. Je cache la balle dans le fourré.
→ ....

5 Phrase cachée : colorie un mot dans chaque colonne pour former une phrase.

Le	grandes	hibou	dominaient	les	gros	vallée.
La	petit	oiseau	ulule	la	belle	cerfs.
Les	heureux	montagnes	donnions	l'	vieux	fourré.

6 Devine qui je suis et entoure-moi.

a. Je suis un verbe conjugué à l'imparfait, à la 3e personne du pluriel.
voulais – prenait – mangeait – volions – donnaient – obéissiez

b. Je suis un verbe conjugué à l'imparfait, à la 2e personne du singulier.
gagnions – buvait – dormiez – écriviez – parlais – plongeaient

c. Je suis un verbe conjugué à l'imparfait, à la 1re personne du singulier.
tourniez – prenait – appelais – cachait – rougissaient – cherchions

Dictée n° 12

→ Texte de la dictée page 4

→ Recopie le début de la dictée.

C'était un énorme loup aux grandes dents pointues,

→ Écris le texte de la dictée.

Note ..../20

Dictée bonus n° 30 → Texte de la dictée page 8

Dictée 13

• L'accord sujet-verbe
• Les mots invariables

Règles

• L'accord du sujet-verbe

Le verbe s'accorde toujours avec son sujet.

La chienne joue. (sujet sing.) — Il mangeait. (sujet sing.)

Les filles parlaient. (sujet plur.) — Ils marcheront. (sujet plur.)

• Les mots invariables

Les mots invariables ne changent jamais d'orthographe : il faut les connaître par cœur.

ainsi – avant – bientôt – d'abord – derrière – désormais – jamais – longtemps – parce que –pendant – puis – toujours – trop

Exercices de préparation

→ Corrigés page 4

1 Barre dans chaque ligne le mot qui n'est pas invariable.

a. ainsi – comme – fait – après – devant
b. parce que – enfin – ensuite – année
c. avec – puis – vu – bientôt – comme
d. fou – dessous – sur – peu – devant
e. elle – avant – depuis – mais
f. jamais – jolie – sous – trop
g. parce que – belle – ainsi – puis – comme

2 Écris la terminaison des verbes au présent en observant leur sujet.

a. L'herbivore mang....... de l'herbe.
b. Les carnivores dévor....... la viande.
c. La vache rumin....... dans le pré.
d. Les fauves aim....... la savane.
e. Le petit lapin gross....... à vue d'œil.
f. La belle et grande girafe jou.... avec son petit.

3 Entoure les sept mots invariables.

Les nuages passent devant le soleil lorsque le chasseur glisse sur l'herbe mouillée.
Le chien marche dans la forêt avec son maître puis se repose quand la chasse est finie.

4 Relie le sujet au verbe qui convient.

a. l'oiseau • • chantent
les oiseaux • • chante

b. les gentils petits chats • • miaulaient
le gentil petit chat • • miaule

c. les chiens • • dormait
le chien • • dormaient

d. le grand fauve • • sautera
les grands fauves • • sauteront

5 **Entoure les dix mots invariables cachés dans la grille.**

B	M	A	L	G	R	E
I	T	R	O	P	B	V
E	N	S	U	I	T	E
N	S	O	T	S	U	R
T	B	U	T	R	E	S
O	A	S	S	E	Z	A
T	X	A	V	A	N	T

6 **Barre les verbes qui ne pourraient pas être dans les phrases.**

a. joue – sautez – jouent – marchaient – mange
b. rongent – mange – grignote – lècheront
c. buvait – boiront – lapera – boit
d. est – seront – es – sont

a. Les enfants .... dans le jardin.

b. Le chien .... l'os.

c. Le chat .... le lait.

d. Les oiseaux .... dans l'arbre.

Dictée n° 13

→ Texte de la dictée page 4

→ Recopie le début de la dictée.

À la fin de la séance, les carnivores décident tous de devenir herbivores.

→ Écris le texte de la dictée.

Note ..../20

Dictée *bonus* **n° 31** → Texte de la dictée page 8

Dictée 14

• *m* devant *m*, *b* et *p*
• on / ont, a / à

Règles

• *m* devant *m*, *b* et *p*

Devant les lettres ***m***, ***b*** et ***p***, on écrit ***m*** à la place de ***n*** : am**p**oule, ense**m**ble, com**p**agnon. **Exceptions** : bon**b**on, bon**b**onne, bon**b**onnière, embo**np**oint et néa**nm**oins

• on / ont

– ***on*** est un pronom personnel. On peut le remplacer par ***il*** : **On** mange bien. → **Il** mange bien.
– ***ont*** est le verbe *avoir* conjugué au présent à la 3e personne du pluriel ; on peut le remplacer par ***avaient*** : Ils **ont** froid. → Ils **avaient** froid.

• a / à

– ***a*** est le verbe *avoir* conjugué au présent à la 3e personne du singulier ; on peut le remplacer par ***avait*** : Il **a** un chapeau sur la tête. → Il **avait** un chapeau sur la tête.
– ***à*** est une préposition, on peut le remplacer par d'autres prépositions (*vers*, *dans* ...).
Tu es **à** l'école. → Tu es **dans** l'école.

Exercices de préparation

→ Corrigés page 5

1 Complète avec *m* ou *n* et entoure la lettre qui permet de choisir.

a. une la....terne – un la....pion – un trio....phe
b. une bo....be – un bo....bon – un ti....bre
c. e....fermer – néa....moins – un ho....me
d. co....tinuer – to....ber – dema....der

2 Transforme les phrases comme dans l'exemple.

Ils avaient loué un chalet près de la montagne. → Ils ont loué un chalet à la montagne.

a. Violette avait couru dans la campagne. → ....
b. Elles avaient mangé vers midi. → ....
c. On avait eu très chaud près de la mer. → ....

3 Entoure les exceptions à la règle du *m* devant *m*, *p*, *b*.

tambour – bonbon – embonpoint – concombre – tomber – pompier – ombrelle – pompe – néanmoins – bonbonne – champignon – bonbonnière

4 Complète par *a*, *à*, *on* ou *ont*.

Sophie ..... passé ses vacances ..... la plage. Ses amis ..... fait du bateau avec elle. Ils ..... beaucoup apprécié. Nous, ... la fin des vacances, ... était contentes de se retrouver et ..... ne s'est plus quittées jusqu'..... la rentrée des classes !

5 Complète les mots croisés.

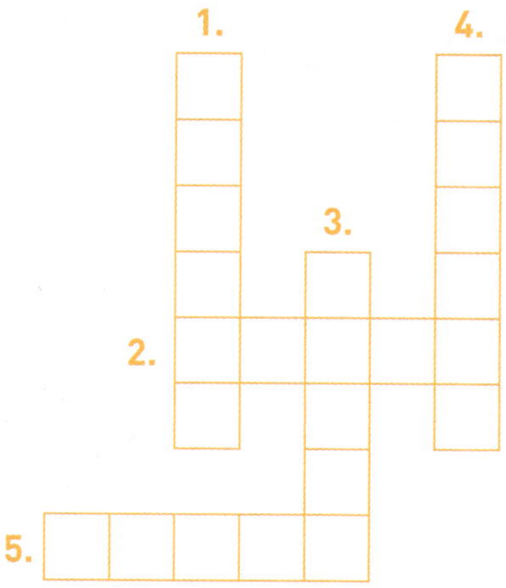

1. Action de couper la pelouse.
2. Façon dont se déplace le serpent.
3. On s'y met pour se protéger du soleil.
4. Dormir sous une tente.
5. Partie inférieure du corps.

6 Les mots se sont mélangés, réécris les deux phrases.

Vu | On | à | un | a

Elles | plage. | mangé | crabe. | la | ont

a. ....

....

b. ....

....

Dictée n° 14

→ Texte de la dictée page 5

→ **Recopie le début de la dictée.**

Cet été, mes cousins ont passé leurs vacances à la montagne avec des amis.

→ **Écris le texte de la dictée.**

Note ..../20

Dictée bonus n° 32

→ Texte de la dictée page 8

Dictée 15

• Le passé composé avec *avoir* dans les verbes des 1er et 2e groupes
• Les accents de la lettre *e*

Règles

• Le passé composé avec *avoir* dans les verbes des 1er et 2e groupes

– Il se forme en **2** parties.

Nous **avons** dîné. (auxiliaire – part. passé)   Vous **avez** fini. (auxiliaire – part. passé)

– Avec l'auxiliaire ***avoir***, on n'accorde jamais le participe passé avec le sujet : Ils ont choisi.

– **1er groupe** : j'**ai** mang**é**, tu **as** mang**é**, il **a** mang**é**, nous **avons** mang**é**, vous **avez** mang**é**, ils **ont** mang**é**

– **2e groupe** : j'**ai** chois**i**, tu **as** chois**i**, il **a** chois**i**, nous **avons** chois**i**, vous **avez** chois**i**, ils **ont** chois**i**

• Les accents de la lettre *e*

Il en existe trois sortes :

– **l'accent aigu** forme le son (é) : ***é*** de caf**é**.

– **l'accent grave** et **l'accent circonflexe** forment le son (è) : **è** de m**è**re, **ê** de **ê**tre.

Attention ! Le ***e*** ne prend pas d'accent devant une consonne double, ni quand la syllabe se finit par une consonne : princesse, ser/pent.

Exercices de préparation

→ Corrigés page 5

1 Réécris dans le tableau les mots avec leur accent.

pere – pieton – peche – tresor – fete – chere

accent aigu	accent circonflexe	accent grave

2 Relie les sujets à leur verbe.

Nous •	• ont fini
J' •	• a regardé
Elle •	• as choisi
Ils •	• avons marché
Tu •	• ai plongé

3 Place les accents sur les *e* en rouge lorsque c'est nécessaire.

a. un eleve enerve **b.** une fleche cassee **c.** une sirene abandonnee
d. un blesse delaisse **e.** une belle-mere fatiguee **f.** une arete dessechee
g. necessaire **h.** le cafe sucre **i.** une princesse elegante

4 Écris au passé composé les verbes entre parenthèses.

a. Vous (*marcher*) .... dans la forêt. Tu (*aimer*) .... avoir peur.

b. J'(*grandir*) .... à toute vitesse. Ils (*ranger*) .... leur vélo.

c. Elle (réussir) .... son exercice. Nous (franchir) .... le col.

5 Tu as une minute pour réécrire ces mots en minuscules avec leurs accents.

a. ELEPHANT ....

b. DERRIERE ....

c. FORET ....

d. ECUREUIL ....

e. CHEMINEE ....

6 Entoure les mots nécessaires pour écrire une phrase au passé composé.

a. Tu – as – a – choisi – choisis – le – bon– endroit.

b. Les – chiens – ont – on – bondis – bondi – sur – le – chat.

c. Nous – avons – allons – chercher – cherché – partout.

d. Vous – aviez – avez – mangé – manger – la – tarte.

Dictée n° 15

➔ Texte de la dictée page ⑤

➔ Recopie le début de la dictée.

J'ai marché à toute vitesse vers ma chambre

➔ Écris le texte de la dictée.

Note ..../20

Dictée bonus n° 33

➔ Texte de la dictée page ⑧

Dictée 16

• Le passé composé avec *être* des verbes du 1er groupe
• Les mots référents pour les sons

Règles

• Le passé composé avec *être* des verbes du 1er groupe

– Il se forme en 2 parties.

Il **est** tombé.
auxiliaire part. passé

– Avec l'auxiliaire ***être***, le participe passé s'accorde avec son sujet.

je **suis** tombé(**e**), tu **es** passé(**e**), il/elle **est** monté(**e**), nous **sommes** arrivé(**e**)**s**, vous **êtes** entré(**e**)**s**, ils/elles **sont** resté(**e**)**s**

• Les mots référents pour les sons

Pour se souvenir de l'écriture d'un son, il est plus simple de connaître un mot référent auquel on peut se rapporter :

– le (en) de vent s'écrit ***en***, de lampe s'écrit ***am***
– le (i) de souris s'écrit ***is***, de bougie s'écrit ***ie***
– le (è) de maison s'écrit ***ai***, de neige s'écrit ***ei***
– le (œ) de bonheur s'écrit ***eu***
– le (o) de école s'écrit ***o***, de beau s'écrit ***eau***, de haut s'écrit ***au***

Exercices de préparation

→ Corrigés page 1

1 Relie les sujets et auxiliaires aux participes passés.

Nina et Lola sont •	• rentré.
Nous sommes •	• arrivées.
Elle est •	• montés.
Il est •	• resté.
Je suis •	• arrivée.

2 Relie les mots à leur mot référent et entoure le son qui les lie.

	• bain
pain •	• maintenant
	• viens
chien •	• train
	• bien

3 Écris le passé composé des verbes entre parenthèses.

a. Léo (*arriver*) .... à Paris.

b. Les enfants (*rester*) .... à la maison.

c. Vous (*entrer*) .... dans la cabane.

d. Nous (*rester*) .... seuls.

4 Écris les mots dans la colonne du mot référent quand ils en ont un.

cœur – tisonnier – heure – pruneau – beaucoup – tante – printemps – quand – haut – épée – rancœur – ouvrier

sœur	beau	dans	panier

5 Entoure les participes passés qui peuvent compléter les phrases.

a. La petite souris est...

arrivé – tombée – entrées – restée – rentrés.

b. Les chats sont...

tombées – arrivés – allé – montés – passée.

c. Les chiens sont...

rentré – tombées – restés – arrivées.

d. La chatte est...

resté – tombée – passés – passé.

6 Choisis le bon mot référent pour compléter les mots.

a. été / jardinier

Le pani.... est rempli de cerises.

b. mai / crèche

L'été est une belle s.... son.

c. lent / quand

Ce garçon est prud.... t.

d. mot / peau

Je prends mon pinc.... .

Dictée n° 16

→ Texte de la dictée page ⑤

→ Recopie le début de la dictée.

Elle est arrivée jusqu'à ta porte pour te souhaiter beaucoup de bonheur,

→ Écris le texte de la dictée.

Note ..../20

Dictée bonus n° 34

→ Texte de la dictée page ⑧

Dictée 17

• *Être* et *avoir* au passé composé
• Le pluriel des noms en *-s*, *-x*, *-z* et *-ou*

Règles

• *Être* et *avoir* au passé composé

– *être* : j'**ai été**, tu **as été**, il **a été**, nous **avons été**, vous **avez été**, ils **ont été**

– *avoir* : j'**ai eu**, tu **as eu**, il **a eu**, nous **avons eu**, vous **avez eu**, ils **ont eu**

• Le pluriel des noms en *-s*, *-x*, *-z* et *-ou*

– Les noms qui se terminent par ***-s***, ***-x*** ou ***-z*** au singulier ne changent pas au pluriel.

un tapis → des tapis   une noix → des noix   un nez → des nez

– Les noms se finissant par ***-ou*** forment leur pluriel avec un ***-s*** : des f**ous**, des cl**ous**.

Exceptions : des bij**oux**, des caill**oux**, des ch**oux**, des gen**oux**, des jouj**oux**, des p**oux**, des hib**oux**

Exercices de préparation

→ Corrigés page 6

1 Barre les intrus dans chaque colonne.

pluriel en *-oux*		noms qui ne varient pas	
chou	bijou	lynx	renard
coucou	caillou	tapis	loup
fou	clou	guépard	nez
trou	joujou	noix	chat

2 Complète avec le pronom qui convient.

a. .... avons été

b. .... as eu

c. .... ai eu

d. .... avez été

e. .... ont été

f. .... a eu

g. .... a été

h. .... ont eu

i. .... ai été

j. .... avons eu

3 Écris les groupes de mots au pluriel.

a. un grand quiz → ....

b. un long cou → ....

c. une grosse noix → ....

d. le petit tapis → ....

e. un puits profond → ....

f. un gros rhinocéros → ....

g. un joli bijou → ....

h. un genou abîmé → ....

i. un gros caillou → ....

j. un petit pois → ....

4 Complète avec *être* ou *avoir* au passé composé.

a. Les enfants .... heureux de nous voir.

b. J'........................ très faim après le sport.

c. Nous .... de la chance.

d. Tu .... très courageux.

e. Le lynx .... plus rapide que le chacal.

5 Colorie les cases des noms qui ne changent pas d'orthographe au pluriel, en te déplaçant uniquement de gauche à droite et de haut en bas.

Départ ↓

tapis	gaz	lit	chou	poisson
branche	souris	flûte	chien	stylo
arbre	lynx	cas	quiz	maison
clou	pêche	envie	puits	livre
fraise	cou	livre	noix	joujou
genou	mot	caisse	nez	pays

↓ Arrivée

6 Résous les devinettes.

a. Je suis le verbe *être* conjugué au passé composé à la 3e personne du singulier.

→ ....

b. Je suis le participe passé du verbe *avoir*.

→ ....

c. Je suis le verbe *avoir* conjugué au passé composé à la 1re personne du pluriel.

→ ....

d. Je suis le participe passé du verbe *être*.

→ ....

e. Je suis l'auxiliaire du verbe *être* conjugué au passé composé.

→ ....

Dictée n° 17

→ Texte de la dictée page 6

→ **Recopie le début de la dictée.**

Les hiboux ont été très surpris de m'entendre.

→ **Écris le texte de la dictée.**

Note ..../20

Dictée bonus n° 35

→ Texte de la dictée page 8

Dictée 18

• Les homonymes

Règle

• Les homonymes

– Les homonymes sont des mots qui se prononcent de la même façon, mais qui n'ont pas le même sens.

un **coup** de tonnerre → le **cou** de la girafe, il était une **fois** → j'aime manger du **foie**
je sais **faire** des gâteaux → un **fer** à repasser, je suis **très** fatigué → j'ai tracé un **trait**

– Certains homonymes s'écrivent de la même manière.

le **moule** à tarte → la **moule** que l'on pêche

Exercices de préparation

→ Corrigés page 6

1 Complète par *la* ou *le*.

a. ..... manche du pull

b. ..... manche à balai

c. ..... col de la chemise

d. ..... colle en tube

2 Complète avec *vers*, *verre*, *vert* ou *verts*.

a. Son pull est ....

b. Il se dirige .... Paris.

c. Cette bouteille est en ....

d. J'aime manger des haricots ....

3 Classe les mots dans le tableau et écris leurs homonymes quand ils en ont.

stylo – pain – dans – armoire – les – cent – chaîne – pied – signe – drap – goutte – fleur

Mots qui n'ont pas d'homonyme	Mots qui ont un homonyme
stylo	pain – pin

4 À l'aide du dictionnaire, barre le mot qui ne convient pas.

a. C'est la première *fois / foie* que je te rencontre.

b. Mon frère adore être dans son *lit / lis*.

c. Je n'aime pas voir du *sang / sans* couler.

d. Ce chanteur a une belle *voie / voix*.

e. L'arbre qui produit des faînes est un *être / hêtre*.

5 **Trouve en une minute un homonyme à chacun de ces mots.**

a. pois → ....

b. cou → ....

c. chant → ....

d. maître → ....

6 **Tu as trois minutes pour écrire les homonymes entre parenthèses de la bonne manière. (Tu peux te servir du dictionnaire.)**

a. Les bons (*contes*) .... font les bons amis.

b. La (*faim*) .... justifie les moyens.

c. Folle et simple est la brebis qui au (*loue*) .... se confesse.

d. Pour se calmer, il faut se mettre au (*verre*) ....

Dictée n° 18

→ Texte de la dictée page 6

Recopie le début de la dictée.

Il était une fois deux sœurs qui se ressemblaient beaucoup.

Écris le texte de la dictée.

Note ..../20

Dictée bonus n° 36

→ Texte de la dictée page 8

Édition : Anne-Sophie Pawlas
Conception maquette intérieure et couverture : Élodie Maravelle
Coordination graphique : Kati Fleury
Composition : Linéale

N° éditeur : 10209591 – janvier 2015
Imprimé en Italie par Bona